Lk 15,37

PROCÈS-VERBAL
DES SÉANCES
DE
L'ASSEMBLÉE PROVINCIALE
DES DUCHÉS
DE LORRAINE ET DE BAR,

Tenue à Nancy, dans le mois d'Août 1787.

A NANCY,

Chez H. HÆNER, Imprimeur du Roi & de l'Assemblée Provinciale.

M. DCC. LXXXVII.

PROCÈS-VERBAL

De l'Assemblée Provinciale des Duchés de Lorraine & de Bar, tenue à Nancy, le 18 Août 1787, en la Grand'Salle de l'Hôtel de Ville.

L'AN mil sept cent quatre-vingt-sept, le 18 Août, en la Grand'Salle de l'Hôtel de Ville de Nancy, les soussignés Représentans des Trois-Ordres de la Province, choisis par le Roi, suivant les Lettres de convocation qu'ils ont reçues signées LOUIS, & plus bas, LE MARÉCHAL DE SÉGUR, en date du 11 Juillet dernier, pour former l'Assemblée Provinciale, créée par Edit du mois de Juin précédent, enregistré au Parlement le 19 dudit mois de Juillet, pour les Duchés de Lorraine & de Bar ; après avoir présenté hier lesdites Lettres de convocation à Monseigneur l'Évêque de Nancy,

Ouverture de l'Assemb.

A ij

PROCES-
VERBAL.
18 Août
1787.

nommé par **Sa Majesté**, Préfident de ladite Affemblée ; & après avoir été avertis par lui de fe rendre en ladite Salle, à l'heure ci-devant dite, s'y trouvant raffemblés au nombre de vingt-trois , le fieur de Manéfy, Maire Royal de Nancy, abfent pour caufe d'indifpofition, & ayant pris les places deftinées à leurs Ordres, M. de la Porte, Intendant de la Province, Commiffaire départi, s'eft rendu dans ladite Salle , où ayant pris fa féance à droite du Préfident, il a fait donner lecture par le Secrétaire en chef de l'Intendance, de qui il s'étoit fait accompagner, du Règlement du Confeil, en date du 8 Juillet, annoncé par lefdites Lettres de convocation, & d'une inftruction pour la tenue de la préfente Affemblée préliminaire ; de tout quoi il a dreffé fon procès-verbal, que M. le Préfident a été invité de figner avec lui, au nom de l'Affemblée , & dont une expédition en bonne forme demeurera jointe à la minute des préfentes.

Ordre des
Séances.

M. l'Intendant retiré, M. le Préfident a obfervé que, conformément au Règlement dont il vient d'être donné lecture, il convenoit de fe placer, chacun fuivant l'ordre de féance établi par les articles **XVI, XVIII, XIX & XX** dudit Règlement, fans que la féance affignée aujourd'hui à l'Ordre du Tiers, puisse préjudicier aux droits des Villes qui pourroient prétendre un autre rang, à raison de leurs impositions. En conséquence, l'Assemblée s'est formée ainsi qu'il suit.

POUR L'ORDRE DU CLERGÉ.

Monseigneur l'Evêque de Nancy.
Monseigneur l'Evêque de Saint-Diez.
Monseigneur l'Evêque d'Ascalon, Suffragant de Trèves.

M. l'Abbé de Lupcourt, Abbé Commendataire de la Chalade, Grand-Doyen de l'Eglise Cathédrale-Primatiale de Nancy.

M. de Saintignon, Abbé de Domêvre, Général de la Congrégation des Chanoines-Réguliers de Saint-Sauveur.

M. l'Abbé de Dombasle, Grand-Vicaire de Laon, Abbé Commendataire d'Airvaux, Chanoine de l'Eglise Cathédrale-Primatiale de Lorraine.

POUR L'ORDRE DE LA NOBLESSE.

M. le Comte Dessales, Seigneur de Vouthons & autres lieux.

M. le Marquis de Vaubécourt, Seigneur de Vaubécourt & autres lieux.

M. le Comte d'Helmstatt, Seigneur du Comté de Morhange & autres lieux.

M. le Marquis de Ludre, Seigneur de Frolois & autres lieux.

M. le Comte de Custine, Seigneur de Særeek, Sarre-Altroff & autres lieux.

M. le Chevalier d'Hannonville, Commandeur de Virecourt.

POUR LE TIERS-ETAT.

M. Coster, Avocat au Parlement, Propriétaire du Fief de Gentilly.

M. Gossin, Lieutenant-Général, Civil & Criminel du Bailliage de Bar.

M. Magot, Receveur des Finances à Bar.

M. Benoist, Avocat en Parlement, Receveur des finances à Lunéville.

M. Vosgien, Avocat en Parlement, Procureur du Roi de la Maréchaussée à Epinal.

M. Viard, Avocat en Parlement, Lieutenant de Maire & Lieutenant de Police à Pont-à-Mousson.

de Lorraine et de Bar

M. Rouyer, Avocat en Parlement, Subdélégué de l'Intendance à Neufchâteau.

M. Leclerc, l'un des Régisseurs Fermiers-Généraux de Lorraine, à Dieuze.

M. Haxo, Prévôt, Chef de Police à Saint-Diez

M. Hauzen, Seigneur de Remelfing, demeurant à Sarguemines.

M. Jadot, Conseiller au Bailliage, Lieutenant de Maire à Bouzonville.

Et chacun ayant pris sa place ; M. le Président a dit, que l'instruction dont il a été donné lecture à la suite du Règlement, exigeant que toutes les élections soient faites par la voie du scrutin, il lui paroissoit intéressant de fixer d'abord la forme que l'Assemblée préféreroit pour ledit scrutin ; qu'il croyoit convenable d'y procéder de la manière suivante :

Le premier en séance de chaque Ordre prendra place au Bureau ; & quand tous trois s'y trouveront réunis, chaque Membre de l'Assemblée appelé suivant son rang, remettra en leur présence, sur ledit Bureau, son billet clos, portant le nom de la personne qu'il aura choisie :

Procès-Verbal. 18 Août 1787.

Forme du Scrutin.

lesdits billets seront rassemblés, puis ouverts successivement par l'un des trois Scrutateurs, ensorte que le billet puisse être lu des trois ; il prononcera, à haute voix, le nom porté dans chaque billet ; un autre des Scrutateurs en tiendra note par écrit, sous les yeux de ses deux Collègues : l'élection sera déclarée faite en faveur de celui qui réunira le plus grand nombre de suffrages., & les billets du scrutin seront détruits.

<small>Nomination du Greffier.</small>

La matière mise en délibération, la forme proposée par M. le Président pour le scrutin, a été unanimement adoptée; en conséquence, il a été procédé en ladite forme à l'élection du Greffier, & le choix de l'Assemblée s'est réuni sur le Sieur JOSEPH BRETON, chef de Bureau de l'Intendance,

<small>Partage provisoire en six districts.</small>

M. le Président, reprenant la parole, a dit : que l'Art. II du Règlement du 8 Juillet détermine le partage de la Province en six districts, chacun desquels doit fournir huit Députés : le même Art. II porte, que ce sera l'Assemblée Provinciale qui proposera à Sa Majesté lesdites divisions, & ses vues sur la forme, l'organisation & les fonctions des Assemblées de districts ; ainsi le partage de la
                                              Province

Province en six districts, ne peut être considéré, quant à présent, que comme un arrangement provisoire, uniquement relatif, à l'Art. V du Règlement, qui met à la nomination des vingt-quatre personnes choisies par le Roi, l'élection des vingt-quatre autres, & à l'Art. VIII qui détermine le nombre à choisir dans chaque district.

Pour y procéder, & en prenant pour base de l'opération la division actuelle de la Province en quinze Recettes particulières des Finances, suivant l'Edit du 4 Novembre 1741, M. le Président a mis sous les yeux de l'Assemblée le tableau de six districts aussi égaux qu'il est possible en territoire, en population & en contributions ; il a joint audit tableau une carte représentative dudit partage : & le tout ayant été examiné par l'Assemblée, elle a unanimement délibéré d'adopter provisoirement la division proposée, conformément audit tableau, lequel sera annexé au présent Procès-verbal. Sauf à l'Assemblée Provinciale à demander telles modifications qu'elle jugera convenables pour le bien de la Province, sur les représentations qui pourront lui être adressées. En conséquence les deux Duchés de Lorraine & de Bar,

B

demeureront partagés provisoirement en six districts, savoir : 1°. les Recettes de Nancy & de Lunéville ; 2°. les Recettes de Bar & de Saint-Mihiel ; 3°. les Recettes de Saint-Diez & Epinal ; 4°. les Recettes de Mirecourt, Neufchâteau & Bourmont ; 5°. les Recettes de Dieuze, Boulay & Sarguemines ; 6°. les Recettes de Pont-à-Mousson, Etain & Briey.

M. le Président a proposé de remettre à la séance de Lundi prochain l'élection des vingt-quatre personnes qui doivent compléter l'Assemblée Provinciale ; mais il a fait observer que les Art. V & VIII du Réglement seroient d'une exécution difficile, s'il falloit que chacun connût & choisît vingt-quatre personnes des différens Ordres, pris dans les différens districts : & qu'il se fît autant de scrutins qu'il y a de personnes à nommer. Il lui a paru convenable que les Membres des deux premiers Ordres, d'une part, & de l'autre les Membres du Tiers se réunissent pour se concerter entr'eux, & parvenir à mieux connoître dans chaque Ordre les personnes qui en ont plus particulièrement le vœu, & entre lesquelles l'Assemblée peut le mieux faire son choix. M. le

Président à proposé à cette fin, que dans le pré- Procès-
verbal.
18 Août
1787.
sent jour ou demain, les Membres des deux premiers Ordres se rassemblent chez lui, & ceux du Tiers chez celui de ses Membres, qui a la première séance, pour arrêter deux Listes, l'une des douze personnes à choisir dans les deux premiers Ordres, & l'autre des douze à choisir dans le Tiers-Etat ; de ces deux Listes il en sera fait une seule, dont la copie sera remise à chacun des Membres de la présente Assemblée ; cette copie sera portée au scrutin par chacun desdits Membres appelé en son rang, après qu'il y aura fait tel changement qu'il aura jugé convenable, en effaçant sur ladite Liste le nom des personnes qu'il n'eût pas choisies, avec le soin d'y substituer, à côté de chaque nom ainsi effacé, le nom de la personne qu'il choisira, & qui devra être du même Ordre & du même district.

Le matière mise en délibération, il a été unani- Délibéra-
tion.
mement arrêté, que l'élection des vingt-quatre personnes qui doivent compléter l'Assemblée, sera remise à Lundi matin, & que pour préparer ladite élection, les Membres des deux premiers Ordres se rassembleront ce soir, à six heures, chez

B ij

> PROCÈS-VERBAL.
> 18 Août 1787.

M. le Préfident, & les Membres du Tiers chez M. Cofter, pour y concerter entr'eux le choix des repréfentans de leurs Ordres, & en dreffer des Liftes qui feront remifes à M. le Préfident, pour en être ufé ainfi qu'il vient de le propofer.

> Meffe du St. Efprit.

Conformément à l'inftruction dont il a été donné lecture. M. le Préfident a propofé de remettre à l'Affemblée générale, la délibération qui doit être prife fur le lieu, le jour, le cérémonial de la Meffe folennelle du St. Efprit, par laquelle chaque Affemblée défirera fans doute de faire l'ouverture de fes féances; &, afin d'accomplir ce devoir dès à préfent, il a offert de faire dire, à cette intention, une Meffe baffe dans l'Eglife Primatiale-Cathédrale, où tous Meffieurs feront invités d'affifter, fans aucun cérémonial.

Il a été délibéré, que les Membres des Trois-Ordres fe réuniront à 9 heures chez M. le Préfident, au Palais Epifcopal, d'où ils fe rendront à la Cathédrale, pour entendre la Meffe du St. Efprit, qu'il propofe d'y faire dire, fans aucun autre cérémonial.

> Impreffion du Procès-verbal.

Enfin, la même inftruction, faifant con-

DE LORRAINE ET DE BAR.   13

noître les intentions du Roi sur la convenance d'imprimer & de faire publier sans retard le présent Procès-verbal, M. le Président a proposé à l'Assemblée de se choisir un Imprimeur ; il a présenté le Sr. Hæner ; son choix a été adopté unanimement.

<small>PROCÈS-VERBAL. 18 Août 1787.

Nomination de l'Imprimeur de l'Assemb.</small>

† Fr. Ev. de Nancy, *Président*, † B. L. M. Ev. de St. Diez, † l'Evêque d'Ascalon, l'Abbé DE LUPCOURT, SAINTIGNON, Abbé de Domèvre, l'Abbé DE DOMBASLE, DESSALES, VAUBÉCOURT, D'HELMSTATT, LUDRE, CUSTINE, D'HANNONVILLE, COSTER, GOSSIN, MAGOT, BENOIST, VOSGIEN, VIART, ROUYER, LECLERC, HAXO, HAUZEN, de Remelfing, JADOT.

Suit le Procès-verbal de M. le Commissaire du Roi.

L'AN mil sept cent quatre-vingt-sept, le dix-huit du mois d'Août, Nous JEAN-BAPTISTE-FRANÇOIS MOULINS DE LA PORTE, Chevalier, Con-

PROCES-VERBAL.
18 Août
1787.

seiller du Roi en ses Conseils, Maître des Requêtes Honoraire de son Hôtel, Intendant de Justice, Police & Finances des Duchés de Lorraine & de Bar, Commissaire nommé par le Roi, pour ouvrir l'Assemblée, qui doit avoir lieu dans lesdits Duchés, en vertu de l'Edit du mois de Juin dernier, portant création d'Assemblées Provinciales; Nous étant rendus en la Salle de l'Hôtel de Ville de Nancy, lieu choisi pour la tenue de la susdite Assemblée, Nous y avons trouvé

Messire François de Fontanges, Evêque de Nancy.

Messire Barthelemi-Louis Martin de Chaumont de la Galaizière, Evêque de St. Diez.

Messire Jean-Marie d'Herbain, Évêque d'Ascalon.

M. l'Abbé de Lupcourt, Grand-Doyen de l'Eglise Cathédrale-Primatiale de Nancy.

M. de Saintignon, Abbé de Domèvre.

M. l'Abbé de Dombasle, Chanoine de l'Eglise Cathédrale-Primatiale de Nancy.

M. Le Comte Deffales.

M. Le Marquis de Vaubécourt.

M. Le Comte d'Helmftatt.

M. Le Marquis de Ludre.

M. Le Comte de Cuftine.

M. Le Commandeur d'Hannonville.

Le Sr. Cofter, Avocat au Parlement, ancien premier Commis des Finances.

Le Sr. Goffin, Lieutenant-Général du Bailliage de Bar.

Le Sr. Magot, Receveur particulier des Finances à Bar.

Le Sr. Benoift, Receveur particulier des Finances à Lunéville.

Le Sr. Vofgien, Procureur du Roi de la Maréchauffée à Epinal.

Le Sr. Viart, Lieutenant de Maire & de Police à Pont-à-Mouffon.

Le Sr. Rouyer, Avocat en Parlement, & Subdélégué de l'Intendance de Lorraine à Neufchâteau.

Le Sr. Leclerc.

Le Sr. de Hauzen.

Le Sr. Jadot, Lieutenant de Maire à Bouzonville.

Le Sr. Haxo, Prévôt & Chef de Police à St.-Diez.

Lesquels nous ont déclaré, ledit sieur Evêque de Nancy portant la parole, qu'ils s'étoient assemblés audit lieu, conformément aux intentions de Sa Majesté, & en vertu de Lettres de convocation, qui nous ont été représentées, à l'exception de celle adressée au Sr. de Manésy, Maire Royal de la Ville de Nancy, que sa santé a empêché de se rendre à l'Assemblée.

Sur quoi, Nous avons fait donner lecture par le sieur Laumond, Secrétaire en chef de l'Intendance de Lorraine, que nous avons choisi pour notre Greffier, du Règlement arrêté au Conseil le huit Juillet dernier, pour la composition de l'Assemblée Provinciale des Duchés de Lorraine & de Bar; & des observations que M. le Contrôleur-Général

Général nous a adressées sur les objets qui doivent occuper ladite Assemblée dans ses premières Séances.

Procès-Verbal 18 Août 1787.

Nous leur avons ensuite adressé le discours suivant.

MESSIEURS,

» Les ordres du Roi qui vous ont été adressés, » & la communication qui vient de vous être donnée » du Règlement qu'il a arrêté, vous ont fait connoî- » tre l'objet intéressant pour lequel il vous rassem- » ble aujourd'hui.

» Non-seulement Sa Majesté vous a choisis, comme » les personnes qu'Elle a jugées les plus propres à » seconder les vues paternelles d'après lesquelles Elle » s'est déterminée à établir, dans les Duchés de Lor- „ raine & de Bar, une Administration Provinciale; „ mais le Roi vous donne encore une nouvelle mar- „ que de confiance dont vous étiez dignes, en se „ reposant sur vous, du soin de perfectionner son „ ouvrage, par le choix des Membres destinés à „ compléter cette Assemblée.

„ Vous répondrez, Messieurs, à une confiance „ aussi flatteuse, en appelant à vous, de toutes les „ parties des deux Duchés, dont les intérêts seront „ également chers à cette Assemblée, des Citoyens

"à l'égard desquels votre choix ne fera que l'ex-
" preffion du vœu général ; fi le zèle leur eft nécef-
" faire pour rechercher avec foin les vraies fources
" de la félicité publique, la prudence peut feule
" les guider fur le choix des moyens de remplir un
" but auffi digne de vous ; par la réunion des con-
" noiffances locales, les fujets pris dans chaque
" diftrict porteront la lumière fur les détails qui
" conftituent le véritable état de la Province, &
" c'eft fur-tout fous ce point de vue, que l'Affem-
" blée remplira les intentions du Roi.

" Vous concevez, Messieurs, que le fuccès de
" ce nouvel établiffement, dépend, en grande partie,
" du choix que vous allez faire ; cherchez donc
" dans les membres que vous nommerez, toutes
" les qualités dont le Prélat vertueux qui vous
" préfide offre l'exemple, & qui ont elle-mêmes
" déterminé Sa Majefté à vous choifir pour être
" auprès d'Elle, les organes des vœux d'un peuple
" connu par fa fidélité & fon attachement à fes
" maîtres.

" Quant à moi, Messieurs, je fens toute l'im-
" portance du miniftère honorable qui m'eft con-
" fié : il me fournira fans doute des occafions fré-

„ quentes de faire parvenir aux Repréſentans de
„ la Province, les témoignages de l'amour que lui
„ porte un Souverain qui ne veut régner que par
„ la juſtice, & de me joindre à eux, pour mettre
„ à ſes pieds le tableau des beſoins des Peuples,
„ l'eſpoir qu'ils ont d'être ſoulagés, autant que les
„ plaies de l'État pourront le permettre, & les
„ ſacrifices nouveaux que le patriotiſme rendra
„ moins ſenſibles, puiſqu'ils doivent aſſurer l'ordre
„ dans les revenus publics, & tous les avantages
„ qui en ſont la ſuite.

„ Vous avez vu, MESSIEURS, par les obſerva-
„ tions que M. le Contrôleur-Général m'a chargé
„ de vous communiquer, qu'un de vos premiers
„ ſoins doit être de choiſir les membres de la
„ Commiſſion intermédiaire, & que ceux-ci rece-
„ vront de vous les inſtructions & les pouvoirs
„ néceſſaires pour préparer les matières ſur leſ-
„ quelles vous aurez à délibérer dans votre pro-
„ chaine Aſſemblée. Mon attachement pour cette
„ Province doit vous être connu, & j'eſpère n'a-
„ voir pas beſoin de proteſtations pour vous con-
„ vaincre du zèle avec lequel je ſeconderai, autant
„ qu'il dépendra de moi, leurs recherches ſur les
„ objets intéreſſans dont ils vont s'occuper.

Assemblée Provinciale

A quoi le Sieur Evêque de Nancy a répondu :

MONSIEUR,

„ Nous sommes pénétrés des sentimens de
„ respect & de reconnoissance que doivent nous
„ inspirer les intentions bienfaisantes du Roi, que
„ vous venez de nous faire connoître ; mais nous
„ ne nous dissimulons pas combien est difficile la
„ tâche que Sa Majesté daigne nous confier. Peut-
„ être la regarderions-nous comme au-dessus de
„ nos forces, si nous ne comptions trouver dans les
„ coopérateurs que nous allons nous associer, de
„ nouvelles lumières qui faciliteront notre travail
„ & seconderont nos efforts.

„ L'Assemblée, Monsieur, se félicitera toujours
„ des rapports qu'elle va avoir avec vous ; elle
„ trouvera dans votre expérience les lumières dont
„ elle a besoin pour connoître les détails de l'ad-
„ ministration de cette Province. Votre sagesse &
„ votre esprit conciliant, feront naître l'heureux
„ accord qui doit établir l'harmonie entre elle &
„ vous ; & votre amour du bien public assurera le
„ succès de ses vues patriotiques, par le concours
„ de l'autorité qui vous est confiée ".

Et ayant ainsi exécuté & rempli les intentions de Sa Majesté auprès de ladite Assemblée, nous nous sommes retirés, accompagnés du Sieur Evêque d'Ascalon, du Sieur Commandeur d'Hannonville, & du Sieur Coster, qui nous ont reconduits jusqu'au haut de l'escalier de la Salle de l'Hôtel de Ville.

De tout quoi nous avons dressé le présent procès-verbal que nous avons signé avec ledit Sieur Evêque de Nancy, Président, qui l'a souscrit, tant en sa qualité, qu'au nom de ladite Assemblée, par elle à cet effet autorisé, & notre Greffier.

FAIT à Nancy, les jour, mois & an susdits.

Signé, DE LAPORTE.

Signé, ✝ FR. Ev. de Nancy, Président.

Signé, LAUMOND.

Suit le Règlement dont M. le Commissaire du Roi a fait donner lecture.

REGLEM.
FAIT PAR
LE ROI.

RÈGLEMENT
FAIT PAR LE ROI,

Sur la formation & la composition des Assemblées qui auront lieu dans les Duchés de Lorraine & de Bar, en vertu de l'Edit portant création des Assemblées Provinciales.

Du 8 Juillet 1787.

LE Roi ayant, par son Édit du mois de Juin dernier, ordonné qu'il seroit incessamment établi dans les provinces & généralités de son Royaume, différentes Assemblées, suivant la forme qui sera déterminée par Sa Majesté, Elle a résolu de faire connoître ses intentions sur la formation & la composition de celles qui auront lieu dans les duchés de Lorraine & de Bar. Sa Majesté a cru devoir se borner, quant à présent, à déterminer ce qui regarde la formation de l'Assemblée provinciale. Cette Assemblée lui procurera, sur ce qui concerne les autres, tous les éclaircissemens qui lui sont nécessaires ; & quand Sa Majesté les aura reçus, Elle pourra donner à ces diverses Assemblées, la nature & la perfection qu'elles doivent avoir. En conséquence Sa Majesté a ordonné & ordonne ce qui suit: RÉGLEM. FAIT PAR LE ROI.

L'Administration des duchés de Lorraine & de Bar, sera divisée en trois espèces d'Assemblées différentes, une municipale, une de district & une provinciale.

L'Assemblée provinciale se tiendra dans la ville de Nancy ; celle de district dans le chef-lieu ; enfin les Assemblées municipales dans les villes & les paroisses qu'elles représentent.

Elles seront élémentaires les unes des autres, dans ce sens que les Membres de l'Assemblée de la province seront choisis parmi ceux des Assemblées de district, & ceux-ci pareillement parmi ceux qui composeront les Assemblées municipales.

Elles auront toutes leur base constitutive dans ce dernier élément, formé dans les villes & paroisses.

Article premier.

Il ne sera rien innové, quant à présent, dans les formes suivies pour les Municipalités des villes & des communautés des duchés de Lorraine & de Bar, ayant pour objet la conduite de leurs affaires; Sa Majesté se réservant de statuer sur leur formation & leurs fonctions, d'après les mémoires qui lui seront envoyés par la première Assemblée provinciale desdits deux duchés.

RÈGLEM.
FAIT PAR
LE ROI.

I I.

Les deux duchés de Lorraine & de Bar feront partagés en six divisions, dans chacune desquelles il sera formé une Assemblée dite de district. L'Assemblée provinciale proposera au Roi lesdites divisions, ainsi que ses vues sur la forme, l'organisation & les fonctions des Assemblées de district; Sa Majesté se réservant de faire connoître ses intentions sur tous ces objets.

I I I.

L'Assemblée provinciale des deux duchés de Lorraine & de Bar se tiendra, pour la première fois, le dix-huit du mois d'Août prochain.

I V.

Elle sera composée du sieur Evêque de Nancy, que Sa Majesté a nommé Président, & de vingt-trois personnes, qu'Elle se propose de nommer à cet effet.

V.

Le sieur Evêque de Nancy & les vingt-trois personnes nommées, suivant l'article précédent, nommeront vingt-quatre autres personnes, pour former le nombre de quarante-huit dont ladite Assemblée sera composée.

VI.

Ils nommeront pareillement deux Syndics & un Greffier; un des Syndics fera pris parmi les repréfentans du Clergé & de la Nobleffe, & l'autre parmi les repréfentans du Tiers-état.

VII.

Ils nommeront auffi une commiffion intermédiaire, compofée du Préfident de l'Affemblée, des deux Syndics, d'un Membre du Clergé, d'un de la Nobleffe, & de deux du Tiers-état.

VIII.

Des quarante-huit Membres dont fera compofée l'Affemblée provinciale, douze feront pris dans l'ordre du Clergé, douze dans l'ordre de la Nobleffe, & vingt-quatre dans le Tiers-état, & parmi les Membres des municipalités des villes & des paroiffes de campagne, de manière qu'il y ait huit Députés de chaque diftrict, dont deux du Clergé, deux de la Nobleffe, & quatre du Tiers-état.

IX.

On reconnoîtra pour éligible, quant à préfent & jufqu'à ce qu'il en ait été autrement ordonné, tout Eccléfiaftique féculier ou régulier, poffédant dans la province des biens eccléfiaftiques, pour la valeur de mille livres de france de revenus; les

Dignitaires & Chanoines des Chapitres d'église cathédrale & collégiale; & les Curés décimateurs ou propriétaires à raison de leur cures.

X.

Pour être éligible dans l'ordre de la Noblesse, il faudra être Seigneur de Communauté, posséder au moins mille livres de rente dans ladite seigneurie, & prouver la possession de la Noblesse pendant cent cinquante ans, sans dérogeance.

X I.

Nul ne pourra être Membre du Tiers-état, dans l'Assemblée provinciale, s'il ne paye dans la province au moins soixante livres en subvention ou vingtièmes.

X I I.

La première formation faite restera fixe pendant les trois premières années; & ce terme expiré, l'Assemblée sera régénérée par le procédé suivant.

X I I I.

Un quart se retirera par le sort en 1791, 1792 & 1793, & ensuite par ancienneté; ce quart, qui se retirera chaque année, sera tellement distribué entre les districts, qu'il sorte deux Députés de chaque District; & les députés qui sortiront, seront remplacés dans leur ordre par deux autres du même district, & nommés à cet effet par l'Assemblée de district.

XIV.

En cas qu'un Membre de l'Assemblée provinciale meure ou se retire avant que son temps soit expiré, il sera remplacé dans son ordre par l'Assemblée de district, & celui qui le remplacera ne fera que remplir le temps qui restoit à parcourir à celui qu'il aura remplacé.

XV.

Le Président de l'Assemblée provinciale restera quatre ans Président; ce terme expiré, le Roi nommera un autre Président parmi les quatre Sujets qui lui seront présentés par l'Assemblée provinciale, dont deux seront du Clergé & deux de la Noblesse.

XVI.

L'ordre de séance dans l'Assemblée provinciale, sera que les Ecclésiastiques seront à droite du Président, les Nobles à gauche, & les représentans du Tiers en face.

XVII.

En l'absence du Président, l'Assemblée, s'il est ecclésiastique, sera présidée par le premier de l'ordre de la Noblesse, & s'il est laïque, par le premier de l'ordre du Clergé.

D ij

**RÉGLEM.
FAIT PAR
LE ROI.**

XVIII.

Les Ecclésiastiques garderont entr'eux l'ordre accoutumé dans leurs séances.

XIX.

Les Seigneurs laïques siégeront suivant l'ancienneté de leur admission, & l'âge décidera entre ceux qui seront admis le même jour.

XX.

. Les séances entre les représentans du Tiers-état, seront suivant l'ordre des communautés où ils auront leur domicile, lequel ordre sera déterminé par les contributions desdites communautés. Les villes de Nancy, de Bar & de Lunéville, seront toujours les premières communautés de la province.

XXI.

Les voix seront prises par tête & de manière qu'on prendra la voix d'un Ecclésiastique, ensuite celle d'un Seigneur laïque, ensuite deux voix du Tiers, ainsi de suite jusqu'à la fin. Le Président opinera le dernier, & aura voix préponderante en cas de partage.

XXII.

Les deux Syndics seront trois ans en place, & pourront être continués pendant neuf années ;

mais toujours par une nouvelle élection après trois ans accomplis, & de manière cependant que les deux ne soient pas changés à la fois.

XXIII.

Le Greffier sera révocable à la volonté de l'Assemblée.

XXIV.

Pendant l'intervalle des Assemblées provinciales, il y aura une Commission intermédiaire qui sera composée d'un Membre du Clergé, d'un de la Noblesse, & de deux du Tiers-état, qui, avec les Syndics, seront chargés de toutes les affaires que l'Assemblée leur aura confiées.

XXV.

Le Greffier de l'Assemblée sera aussi le Greffier de cette Commission intermédiaire.

XXVI.

Le Président de l'Assemblée provinciale présidera aussi cette Commission intermédiaire. En son absence elle sera présidée par celui des représentans du Clergé & de la Noblesse qui sera nommé de ladite Commission, & ce suivant que le Président sera de l'ordre du Clergé ou de la Noblesse, ainsi qu'il a été dit ci-dessus.

XXVII.

Les Membres de la Commiſſion intermédiaire, qui ſeront nommés par la prochaine Aſſemblée, provinciale, reſteront les mêmes pendant trois ans; après leſquels, un ſortira chaque année, d'abord par le ſort, enſuite par ancienneté, & ſera remplacé dans ſon ordre par l'Aſſemblée.

XXVIII.

La commiſſion intermédiaire rendra compte à l'Aſſemblée, par l'organe des Syndics, de tout ce qui aura été fait par elle dans le cours de l'année.

XXIX.

Sa Majeſté ſe réſerve de déterminer d'une manière particulière les fonctions de l'Aſſemblée provinciale, & ſes relations avec le commiſſaire départi dans les duchés de Lorraine & de Bar. En attendant qu'Elle ſe ſoit plus amplement expliquée, les Règlemens faits par Elle à ce ſujet pour l'Aſſemblée provinciale du Berry, ſeront proviſoirement ſuivis.

Fait & arrêté par le Roi étant en ſon Conſeil, tenu à Verſailles le huit juillet mil ſept cent quatre-vingt-ſept.

Signé LOUIS. *Et plus bas*, le M^{al}. de Ségur.

DE LORRAINE ET DE BAR. 31

Suivent les observations dont le Commissaire du Roi a fait donner lecture.

OBSERVATIONS

Sur la tenue de la première Assemblée Provinciale de Lorraine & de Bar.

LA première Assemblée n'est proprement qu'une Assemblée préliminaire, qui à lieu pour compléter celle qui doit se former cet automne & préparer les objets dont celle-ci devra s'occuper.

La première chose qu'elle doit faire, est de se nommer un Greffier; & après avoir divisé la Province en six districts, conformément à l'Article II du Règlement du 8 Juillet dernier, elle procédera à l'élection des vingt-quatre Membres qui doivent compléter l'Assemblée Provinciale & des deux Syndics.

Les Syndics devront être choisis résidans habituellement dans la Province, & n'ayant aucun service ou emploi qui puisse les distraire de leurs occupations.

Proces-Verbal.
18 Août 1787.

Les vingt-quatre Membres qui doivent être nommés, doivent être choisis de manière que sur les quarante-huit, il y en ait huit de chaque district : au surplus, le Règlement qui détermine le partage de la Province en six districts, n'étant que provisoire, s'il est utile d'en augmenter le nombre, l'Assemblée pourra prendre cet objet en considération, mais seulement lorsqu'elle sera complète.

La Commission intermédiaire doit particulièrement fixer l'attention de l'Assemblée ; cette Commission doit être en tout temps, & sur-tout dans ce premier moment, composée de gens sages, intelligens & zélés pour le bien public.

Il faut aussi qu'elle soit composée de gens résidans habituellement dans la Province, & qui n'en soient pas distraits par le service, ou par d'autres fonctions.

Quand cette Commission sera nommée, l'Assemblée lui donnera les instructions nécessaires pour former son premier travail.

Jusqu'à

Jufqu'à ce que l'Affemblée foit complète, la Commiffion intermédiaire fera fans action, fi ce n'eft pour préparer les objets; mais fous ce rapport, elle pourra donner tous les ordres néceffaires.

Ainfi elle fe fera rendre compte par les Ingénieurs de la Province, des chemins & ouvrages publics qui font à fa charge & qui doivent avoir lieu l'année prochaine; tous ceux de cette année doivent continuer à être ordonnés & dirigés par M. l'Intendant. On enverra inceffamment à la Commiffion intermédiaire, un Règlement fur les chemins.

Le Procès-verbal de cette première Affemblée doit être imprimé comme celui de toutes les Affemblées. Il feroit même à fouhaiter que l'Imprimeur travaillât tout de fuite, & pendant l'Affemblée, de forte que le Procès-verbal pût paroître quelques jours après qu'elle fera finie.

La première Affemblée ou la Commiffion intermédiaire pourront prévoir ce qui concerne les frais & dépenfes néceffaires, mais fans les déterminer, qu'à la première Affemblée complète.

E

Il n'eſt pas beſoin d'obſerver que ces frais & dépenſes doivent être réglés avec ſageſſe & économie.

On ne dit rien des ſéances, de l'habit, ni du cérémonial.

Les ſéances ſont déterminées par le Règlement du Conſeil.

L'habit du Clergé eſt l'habit long; ſa ſéance eſt déterminée par ſes uſages.

Les autres Députés n'auront point d'habit particulier.

Il convient qu'il y ait une Meſſe du St. Eſprit à la première Aſſemblée, elle pourra être ſans cérémonial; aux autres, elle doit être ſolennelle : l'Aſſemblée déterminera l'Egliſe où elle ſera dite.

Lorſque l'Aſſemblée ſera complète, elle pourra, recevoir, par ſon Préſident, la députation des Corps.

Toutes les Elections devront être au ſcrutin; en général, les délibérations devront être priſes au ſcrutin ſur les perſonnes, & de vive voix ſur les affaires.

Du Lundi 20 Août 1787.

LES Représentans des Trois-Ordres s'étant réunis à neuf heures du matin chez M. le Président, en son Palais Episcopal, ainsi qu'il a été réglé en la Séance du 18, ils se sont rendus, M. le Président à leur tête, & sans autre cérémonial, en l'Eglise Cathédrale-Primatiale, où s'étant rangés dans le Sanctuaire, sans aucune séance marquée, ils ont entendu une Messe basse du St. Esprit.

Ils se sont rendus de là à l'Hôtel de Ville, dans la Salle de leur Assemblée.

M. le Président a ouvert la Séance en proposant la lecture des deux procès-verbaux dressés, l'un par M. l'Intendant de la Province, Commissaire Départi du Conseil, & signé de lui ; l'autre par M. l'Evêque de St. Diez, & M. Coster, Commissaires nommés en la Séance du 18, pour la rédaction des Procès-verbaux de la présente Assemblée.

Et après que lecture en a été faite à haute voix par le Greffier, M. le Président a été invité de

36   Assemblée Provinciale

Procès-verbal. 20 Août 1787.

signer, au nom de l'Assemblée, celui de M. le Commissaire du Roi : & tous les membres de l'Assemblée ont signé avec lui celui de leur Séance du 18, qui demeurera déposé au Greffe de l'Assemblée Provinciale.

Signature des Procès-verbaux.

Il a été ensuite délibéré & arrêté, conformément à ce qui est d'usage dans l'Assemblée Provinciale du Berry, que les procès-verbaux des autres Séances feront signés par le Président seul, après la lecture qui en aura été faite à l'Assemblée; & au bas par le Greffier.

Impression du Procès-verbal.

Pour se conformer à l'Article de l'Instruction communiquée par M. le Commissaire du Roi sur la publicité du procès-verbal de la présente Assemblée, il a été délibéré que dès aujourd'hui les deux procès-verbaux ci-dessus mentionnés, seront remis à l'Imprimeur Hæner, avec le Règlement du 8 Juillet, & l'Instruction communiquée par M. le Commissaire du Roi.

Il a été également délibéré & arrêté, qu'il sera imprimé aux frais de l'Assemblée Provinciale, cinq cents exemplaires du procès-verbal de la présente Assemblée, & que la Commission intermédiaire dont il va être parlé, traitera avec l'Imprimeur aux conditions les plus favorables, tant pour les exemplaires dont l'Assemblée payera le prix, que pour le nombre de ceux qu'il devra fournir sans en rien exiger, au moyen du privilège dont il jouira d'imprimer seul tout ce qui concernera l'Assemblée Provinciale, & de porter à tel nombre d'exemplaires qu'il voudra l'édition des ouvrages dont l'Assemblée Provinciale ou la Commission intermédiaire permettra la distribution dans le public.

La distribution des 500 exemplaires ci-dessus ordonnés sera réglée & faite, sans aucun délai, par les ordres de la Commission intermédiaire.

En exécution de l'Article V du Règlement du 8 Juillet, M. le Président a proposé de procéder à l'élection des vingt-quatre personnes qui doivent compléter l'Assemblée Provinciale; il a fait distribuer à cet effet, par le Greffier, à chacun des membres de l'Assemblée, une copie des listes arrêtées dans les Séances tenues le 18 à six heures de relevée, par les deux premiers Ordres, chez M. le Président, & par l'ordre du Tiers, chez M. Coster, conformément à la délibération prise le matin du même jour; & après avoir paſſé le temps néceſſaire pour en délibérer, ſuivant la liberté laiſſée à chacun des membres d'effacer & de ſubſtituer tel nom qu'ils jugeroient à propos, on a procédé au ſcrutin, & l'élection a été arrêtée ainſi qu'il ſuit.

POUR L'ORDRE DU CLERGÉ.

M. l'Abbé de Cambis, Abbé Commendataire de Haute-Seille.

M. l'Abbé de Cheppe, Chanoine de St. Maxe de Bar.

M. Huart, Curé & Doyen du Chapitre de Longuyon.

M. l'Abbé de Mitry, Chanoine de la Cathédrale de Saint-Diez.

Dom Mayard, Bénédictin, Abbé de Moyenmoutier.

Dom Bordier, Chanoine-Régulier de l'Ordre des Prémontrés, Abbé de Vadgaſſe.

POUR L'ORDRE DE LA NOBLESSE.

M. le Marquis de Lattier, Seigneur de Frouard & autres lieux.

M. le Baron de Fiſſon, Seigneur du Montet, Conſeiller au Parlement de Nancy.

M. de Paliſſe, Seigneur de la Terre de Chardogne.

M. le Comte de Cuſtine, Seigneur de Mandre & autres lieux.

M. le Comte de Frenelle, Seigneur de Frenelle & autres lieux.

M. le Chevalier de Franc, Seigneur de Corcieux & autres lieux.

POUR L'ORDRE DU TIERS-ETAT.

M. Durival, le cadet, ancien Secrétaire du Cabinet & des Conſeils du feu Roi de Pologne, demeurant à Heillecourt, près Nancy.

M. Lartillier, Lieutenant-Général du Bailliage de Saint-Mihiel.

M. Le Semmelier, Seigneur du Jard, demeurant à Ligny.

M. Duqueſnoy, le cadet, Avocat au Bailliage de Briey.

M. Marchand, le cadet, Négociant à Etain.

M. Collot, Lieutenant-Général au Bailliage de Thiaucourt.

ASSEMBLÉE PROVINCIALE

<small>PROCES-VERBAL.
20 Août 1787.</small>

M. Rellot, Avocat en Parlement, exerçant au Bailliage de Mirecourt.

M. Henry, Maire Royal à Bourmont.

M. de Tabouret, Conseiller d'Etat, Lieutenant-Général au Bailliage de la Marche.

M. Noël, Avocat en Parlement, Conseiller du Chapitre de Remiremont.

M. Febvrel, Procureur du Roi au Bailliage de Bruyeres.

M. Thomas, ancien Lieutenant-Général au Bailliage de Boulay.

<small>Election des deux Syndics généraux.</small>

Cette élection faite, M. le Président a proposé de procéder à celle des deux Procureurs-Syndics, à prendre, l'un dans les deux premiers Ordres, & l'autre dans le Tiers-Etat, conformément à l'Article VI du Règlement du 8 Juillet; il y a été procédé par la voie du scrutin, & les suffrages se sont réunis, pour les deux premiers Ordres,

Sur M. le Commandeur d'Hannonville.

Pour le Tiers-Etat,

Sur M. Coster.

<small>Remplacement des Syndics.</small>

M. le Président a fait observer que la nomination

tion des deux Procureurs-Syndics faifant vaquer deux places, l'une dans l'Ordre de la Nobleffe, l'autre dans l'Ordre du Tiers, il devenoit néceffaire de les remplacer, conformément au Règlement qui compofe l'Affemblée de quarante-huit Membres, outre les Syndics. En conféquence il a été procédé, par la voie du fcrutin, à l'élection de deux nouveaux Repréfentans, & le choix de l'Affemblée eft tombé fur M. le Comte d'Hofflize, Seigneur de Valfroicourt & autres lieux, pour la Nobleffe; fur M. Devaux, ancien Négociant à Nancy, pour l'Ordre du Tiers.

Procès-verbal. 20 Août 1787.

Enfin, pour compléter les élections prefcrites par le Règlement du 8 Juillet dernier, & en exécution de l'Article VII dudit Règlement, on a procédé par la voie du fcrutin, à celle des quatre Membres qui, avec M. le Préfident & les deux Procureurs-Syndics, doivent compofer la Commiffion intermédiaire : defquels quatre Membres un doit être pris dans l'Ordre du Clergé, un dans l'Ordre de la Nobleffe, & deux dans l'Ordre du Tiers : le choix de l'Affemblée eft tombé,

Election de la Commiffion interméd.

Pour l'Ordre du Clergé,
Sur M. l'Abbé de Dombafle.

F

42   Assemblée Provinciale

PROCES-
VERBAL
20 Août
1787.

Pour l'Ordre de la Noblesse,
Sur M. le Comte Dessalles.
Pour l'Ordre du Tiers,
Sur M. Durival & M. Devaux.

Installation des Procur. Syndics.

Les élections faites, M. le Président a proposé d'installer MM. les Procureurs-Syndics au Bureau qui leur a été préparé ; en conséquence M. le Commandeur d'Hannonville a pris sa place à la droite dudit Bureau, en face de l'Ordre du Tiers, & M. Coster a pris la sienne à la gauche.

Appel des nouveaux Elus.

M. le Président ayant repris la parole, a proposé à l'Assemblée d'appeler à la séance de demain ceux des Membres des nouveaux Elus qui se trouvent à Nancy : & dans le nombre des motifs qui l'ont porté à faire cette proposition, il a mis en considération l'utilité de faire participer ceux surtout qui sont de la Commission intermédiaire, aux délibérations à prendre demain sur les pouvoirs & les instructions qui doivent être donnés à ladite Commission, pour tout ce qu'elle aura à faire jusqu'à l'ouverture de l'Assemblée générale, conformément à l'instruction particulière communiquée par M. le Commissaire du Roi.

DE LORRAINE ET DE BAR. 43

PROCES-VERBAL 20 Août 1787.

La matière mise en délibération, il a été unanimement arrêté que ceux de MM. les nouveaux Elus qui se trouvent à Nancy, seront invités par M. le Président de venir demain prendre leur séance dans l'Assemblée, & qu'après sa clôture, ceux qui sont de la Commission intermédiaire, entreront en activité comme les autres Membres de ladite Commission.

Députations.

Enfin M. le Président, après avoir fait observer que si l'Assemblée ne se trouve pas encore complète, du moins les pouvoirs qu'elle a reçus par son installation s'étendent à tout ce qui doit être réglé provisoirement. L'instruction communiquée par M. le Commissaire du Roi, semble, à la vérité, renvoyer à l'Assemblée, lorsqu'elle sera complète, le pouvoir de recevoir par son Président la Députation des Corps ; mais les Députations qu'elle peut faire, devant être l'expression de sa gratitude pour ceux qui ont pris part à son établissement, & de sa confiance dans l'appui des premiers Tribunaux de la Province, il paroît que, sans s'attacher rigoureusement au cérémonial, dont l'Assemblée générale doit seule délibérer, la présente Assemblée peut satisfaire à l'empressement de

F ij

tous les Membres qui la composent, en en députant quatre, un de l'Ordre du Clergé, un de l'Ordre de la Noblesse, & deux du Tiers, à M. le Maréchal de Stainville, pour lui dire combien il est doux à l'Assemblée d'avoir à joindre un témoignage particulier de sa reconnoissance à tous les autres sentimens qu'il a su inspirer depuis long-temps aux différens Ordres de cette Province: à M. de La Porte, Commissaire du Roi, pour se féliciter avec lui du concours de ses fonctions avec celles que S. M. daigne confier à l'Assemblée pour le bonheur de la Lorraine: au Parlement & à la Chambre des Comptes, dans la personne de ses Premiers Présidens, pour exprimer toute la confiance avec laquelle l'Assemblée se promet leur appui dans tout ce qui l'exigera pour le plus grand bien du Pays.

La matière mise en délibération, & la proposition de M. le Président ayant été unanimement adoptée, M. l'Evêque de Saint-Diez, M. le Comte Dessales, M. Coster & M. Gossin ont été députés à M. le Maréchal de Stainville; M. l'Evêque d'Ascalon, M. le Marquis de Vaubécourt, M. Magot & M. Benoist à M. l'Intendant, Commissaire du Roi; M. l'Abbé de Lupcourt, Grand-

Doyen de la Primatiale, M. le Comte d'Helmstatt, M. Vosgien, & M. Viard à M. de Cœurderoi, Premier Président du Parlement ; M. de Saintignon, Abbé de Domêvre, M. le M^quis. de Ludre, M. Rouyer & M. Leclerc, à M. Dubois de Riocourt, Premier Président de la Chambre des Comptes.

L'Assemblée également empressée de marquer à M. le Président tout ce que lui inspirent les qualités qui ont fixé sur lui le choix du Roi, & la manière dont ce choix se trouve déjà justifié, a député vers lui M. l'Abbé de Dombasle, M. le Comte de Custine, M. Haxo & M. Hauzen.

La Séance a été remise à demain mardi, dix heures du matin, & les membres de l'Assemblée se sont réunis entre eux pour les députations dont ils se trouvoient chargés.

Signé, † Fr. Ev. de Nancy, *Président.*

Signé, BRETON, *Greffier.*

Assemblée Provinciale

PROCES-VERBAL.
21 Août
1787.

Du Mardi 21 Août 1787.

Lecture du procès-verbal.

LES Trois-Ordres s'étant rendus en la Salle ordinaire, à dix heures du matin, en exécution de la délibération du jour d'hier, & M. le Marquis de Lattier, M. le Baron de Fiffon du Montet, M. Durival, M. de Vaux, & M. Duquenoy, cinq des Députés nommés par l'Assemblée Provinciale, dans sa dernière Séance, s'y étant également rendus, sur l'invitation qui leur en avoit été faite par M. le Président, en exécution de la même délibération, & ayant pris le rang qui leur est assigné par le Règlement du 8 Juillet dernier, & qui leur a été indiqué par M. le Président, parmi les Représentans des Trois-Ordres qui composent l'Assemblée, M. le Président a ouvert la Séance en proposant la lecture du Procès-verbal de la Séance dudit jour d'hier, dressé par M. l'Evêque de St. Diez & M. Cofter, Commissaires de l'Assemblée pour la rédaction de ses Procès-verbaux.

Compte rendu des députat.

Et après que la lecture en a été faite à haute voix par le Greffier, sur le rapport fait à l'Assemblée qu'il avoit été satisfait aux députations relatées audit Procès-verbal, il a été arrêté qu'il en feroit fait regiftre.

Procès-verbal. 21 Août 1787.

M. le Préfident a enfuite propofé de déterminer le jour de l'Affemblée générale qui doit fe tenir en automne, conformément à l'inftruction communiquée par M. le Commiffaire du Roi.

Fixation de l'Affemblée générale.

La matière mife en délibération :

Il a été arrêté que l'Affemblée générale feroit convoquée pour le Lundi cinq du mois de Novembre prochain.

M. le Préfident, jugeant que pour remplir les intentions du Roi, il étoit également néceffaire de délibérer fur les inftructions à donner à la Commiffion intermédiaire, pour former fon premier travail, a dit :

Inftruction pour la Commiffion intermédiaire.

MESSIEURS,

En exécution des ordres du Roi, vous avez dans les Séances précédentes, complété cette Affemblée, vous avez nommé deux Procureurs-Syndics & une Commiffion intermédiaire, qui doivent infpirer la confiance de la Province ; vous avez fixé le jour de l'Affemblée prochaine ; il ne vous refte

Difcours de M. le Préfident.

48   ASSEMBLÉE PROVINCIALE

PROCES-
VERBAL.
21 Août
1787.

plus qu'à déterminer les objets dont la Commiffion intermédiaire doit s'occuper, pour vous en rendre compte dans l'Affemblée du mois de Novembre prochain. La carrière eft vafte. Il s'agit, d'une part, de mettre fous vos yeux le plan le plus propre à former une adminiftration provinciale dont les fondemens font à peine jetés, & à lui donner la folidité qu'elle doit avoir; & de l'autre, de raffembler les lumières & de vous préparer les moyens néceffaires pour vivifier cette Province en travaillant à fon bonheur.

Afin de mettre quelque ordre dans le rapport que j'ai l'honneur de vous faire, je le diviferai en trois parties, qui me femblent renfermer tous les objets fur lefquels vous pourrez fixer l'attention de la Commiffion intermédiaire. Je vous parlerai d'abord des Affemblées de diftrict & de municipalité, & des Règlemens qui concernent tant ces efpèces d'Affemblées, que l'Affemblée Provinciale. 2°. Des routes & des chemins. 3°. Des objets d'utilité publique.

La répartition des impôts, ne faifant point actuellement partie des fonctions que le Roi vous a confiées, cet objet n'est pas du nombre de ceux dont la Commission intermédiaire doit s'occuper.

PREMIERE PARTIE.

Des Districts & des Municipalités : & des Règlemens qui concernent les Assemblées Provinciales.

Le Roi, en se déterminant à établir des Assemblées dans toutes les Provinces de son Royaume, a voulu, 1°. que les Membres qui les composeront fussent les véritables Représentans des Provinces, ensorte qu'il n'y eût pas un seul de ses Sujets qui n'eût où qui ne pût y avoir son délégué. 2°. Que l'administration de ces Assemblées pût embrasser, par différentes divisions & subdivisions, toutes les parties des Provinces, de manière que chaque Canton ou même chaque Paroisse eût son Assemblée particulière, concourante avec l'Assemblée Provinciale pour faire le bien commun. Tels sont les principes fondamentaux des Assemblées Provinciales, & qui ont nécessité les Assemblées de districts & de municipalités.

Le Roi, en ordonnant que ces dernières Assemblées auroient lieu en Lorraine comme dans les autres Provinces, nous invite, Messieurs, à lui proposer nos vues sur la formation, l'organisation &

G

les fonctions des Assemblées secondaires; parce que S. M. a pensé que la constitution de notre Province, & ses localités pourroient exiger que nos Assemblées de districts & de municipalités ne ressemblassent pas à celles des autres Provinces.

Tel est le premier objet qui doit occuper la Commission intermédiaire; je dis le premier, parce qu'il tient à notre propre constitution, & parce qu'il a un rapport intime à nos opérations qui doivent s'exécuter par le moyen de ces Assemblées secondaires.

Je ne crains pas d'avancer que c'est du plan qui sera adopté pour ces sortes d'Assemblées, que dépendront nos succès. Si la formation en est sage, & l'organisation facile, nous y trouverons des lumières & des secours qui nous aideront à porter rapidement cette Province au degré de prospérité dont elle est susceptible; si, au contraire, ses ressorts sont mal combinés, vous verrez nos efforts contrariés, & le cahos prendre la place de l'ordre duquel doit résulter le bonheur des Peuples.

La Commission trouvera, dans le Règlement

fait pour la province de Champagne, un modèle pour les Assemblées de districts & de Communautés; mais peut-il s'adapter à la Lorraine ? N'est-il pas susceptible d'être perfectionné ? C'est ce que vous devez d'abord la charger d'examiner.

PROCES-VERBAL.
21 Août
1787.

Ces Assemblées doivent être telles que tout Citoyen, ayant une propriété, concourt par son suffrage à les former: que la distinction des Ordres soit conservée: qu'elles servent à la régénération de l'Assemblée Provinciale: que comme elles en sont les élémens, elles en soient aussi, pour ainsi dire, l'œil pour l'éclairer & la main pour exécuter ce qu'elle croira le plus utile au bien de la Province & des individus: qu'enfin elles aient le pouvoir de faire le bien du Canton ou de la Communauté dont les intérêts lui seront confiés, sans en avoir assez pour leur nuire: voilà les bases sur lesquelles il faut les établir.

Mais il reste une foule de questions qui meriteront votre attention. Y aura-t-il une Assemblée municipale dans chaque Communauté de la Province? ou réunira-t-on plusieurs Communautés pour ne former qu'une seule Assemblée ? Les Municipalités des Villes seront-elles créées sur le

G ij

modèle de celles de la Campagne ? Quel parti prendra-t-on sur les Offices municipaux, mis en finance ? Comment les Assemblées Municipales seront-elles formées ? Comment seront-elles présidées & renouvelées ? Quelles seront leurs fonctions ? Quels seront leurs pouvoirs sur les affaires des Communautés ? Comment se formeront les Assemblées des districts ? Quelle autorité auront-elles ? Quels seront leurs rapports avec les Assemblées Municipales & Provinciales ? Quelle forme suivront-elles pour délibérer & pour agir ? Combien y en aura-t-il dans la Province ? Nous avons adopté une division en six districts, mais elle n'est que provisoire ; peut-être serons-nous obligés d'en augmenter le nombre.

Après s'être occupé de ce qui concerne les Assemblées municipales & de districts, la Commission doit se replier sur l'Assemblée Provinciale.

Le Règlement que nous avons n'est que provisoire, & peut-être quelques points exigent-ils des changemens ou des modifications : d'ailleurs, il n'a pas tout prévu : les moyens de renouveler l'Assemblée y sont omis ; ses fonctions & ses pouvoirs n'y sont pas suffisamment détaillés. Il ne parle pas de ses rapports avec le Commissaire départi. Les Règlemens faits sur ce sujet, pour le Berry, doivent être suivis provisoirement, & jusqu'à ce que le Roi en donne un autre; mais l'administration de cette Province n'étant point la même que celle de l'intérieur du Royaume, le Règlement qui interviendra doit avoir des différences, sur lesquelles il faudra éclairer le Gouvernement. Les frais nécessaires & indispensables de la tenue des Assemblées & des agens qu'elles emploieront n'ont point été fixés, & les moyens d'y pourvoir ne sont pas déterminés. La Commission doit examiner le Règlement que nous avons reçu, nous proposer les changemens dont il peut être susceptible, & les additions qu'il conviendra d'y faire.

SECONDE PARTIE.

Des Routes & des Chemins.

Tant que nous n'aurons pas la répartition des impôts, les routes & les chemins seront la plus importante & la plus instante de nos occupations. Le Roi a aboli les corvées dans tout son Royaume, & a ordonné une prestation en argent: la répartition de l'impôt qui les remplace va passer des mains du Commissaire départi dans les nôtres; ainsi le premier pas que doit faire la Commiſſion, c'eſt de prendre connoiſſance de cette répartition, afin qu'elle puiſſe nous expoſer la méthode qu'on a ſuivie, & les moyens les plus propres à en alléger le poids & à la rapprocher des dépenſes abſolument indiſpenſables pour l'entretien des grandes routes.

Cette impoſition, qui ne peut excéder le ſixième de la ſubvention & des impôts acceſſoires, ne monte, pour la Province, qu'à environ quatre cents ſoixante mille livres ; c'eſt avec cette ſomme qu'il faudroit entretenir environ ſept cents cinquante lieues de route, & pourvoir à la dépenſe qu'exigeroient les nouvelles communications qui pourroient être néceſſaires. On a jugé qu'elle n'étoit pas même ſuffiſante pour le premier de ces deux objets. On s'eſt cru forcé d'abandonner l'entretien du tiers des routes exiſtantes, & par conſéquent de renoncer à en ouvrir de nouvelles, ou à finir celles qui ont été commencées. Tel eſt à préſent l'état des choſes, qui demande, de la part de la Commiſſion, l'examen le plus réfléchi, & de la nôtre, Meſſieurs, l'attention la plus ſérieuſe.

La Commiſſion doit ſe faire rendre compte des

routes qui ont été abandonnées, & des motifs qui ont déterminé cet abandon ; il faut qu'elle connoisse l'utilité de chacune pour le commerce, pour l'agriculture, pour les passages des troupes en temps de paix & en temps de guerre, pour les communications avec les Provinces voisines & avec l'étranger, afin de déterminer quelles sont celles qu'il est le plus intéressant de conserver. Elle entrera dans le détail de l'entretien des routes pour calculer avec précision ce qu'elles doivent coûter, eu égard au pays où elles sont situées. Elle examinera s'il est possible d'augmenter les fonds assignés pour les chemins, ou de diminuer la dépense de leur entretien. Elle se fera rendre compte des adjudications qui ont été faites dans les différentes parties de la Province, soit pour les prendre pour modèles, si elles ont la perfection qu'on leur désire ; soit pour en éviter les défauts, si elles sont reconnues défectueuses ; soit pour en poursuivre la résiliation, si elles se trouvent trop onéreuses à la Province.

Vous savez, Messieurs, que deux Arrêts du Conseil, du 6 Novembre 1786 & du 16 Février 1787, ont autorisé les Commissaires départis de toutes les provinces du royaume, à passer des baux pour entretenir les routes de leurs Départemens pendant trois ans. Ces adjudications ont été faites pour cet espace de temps, dans cette Province comme dans toutes les autres. Il semble que d'après cela nos fonctions à cet égard, & quant à présent, doivent se réduire à faire exécuter les marchés passés sous les ordres du Commissaire départi; mais si, contre ses intentions, les formes prescrites pour ces adjudications n'avoient pas été suivies; si par des malversations ou des négligences de sous-ordres, elles étoient onéreuses aux Communautés & à la Province; si des sous-baux passés avec un gain considérable prouvoient qu'elles auroient pu être données à meilleur marché; si, en un mot, il étoit reconnu qu'avec la même somme de quatre cents soixante mille livres il est possible d'entretenir une plus grande étendue de chemins, & d'éviter le dépérissement des routes qu'il faudra un jour rétablir à grands frais; sans doute nous serions autorisés à réclamer contre ces adjudications, & le Conseil du Roi ne nous refuseroit pas de les casser pour 1788 & 1789, & de nous laisser la liberté d'en faire d'autres plus conformes aux intérêts de la Province. Mais ce n'est point sur des bruits vagues

&

& des clameurs exagérées que nous devons juger les adjudications déja paſſées : la parfaite intégrité du Commiſſaire départi, ſous les ordres de qui elles ſe ſont faites, eſt un préjugé en leur faveur; & ſi l'intérêt de la Province exige que nous examinions des marchés, ſur les détails deſquels il a pu lui-même être trompé, du moins la Commiſſion ne doit-elle ſe déterminer à nous propoſer d'en demander la réſiliation, qu'après s'être convaincue de la grande léſion qui en réſulteroit pour la Province, ſi on les laiſſoit ſubſiſter. Il ne faut point ſe diſſimuler que les preuves du mal, s'il exiſte, ſeront difficiles à acquérir, & qu'elles exigeront des connoiſſances de détail qui demanderont toutes les lumières de la Commiſſion, & toute ſon activité. Ce que nous avons à faire avant de nous ſéparer, ſera de lui donner toutes les inſtructions dont elle aura beſoin pour ſe procurer les lumières & les renſeignemens néceſſaires ſur tout ce qui concerne les routes de la Province.

TROISIEME PARTIE.

Des objets d'utilité publique.

Ici, Meſſieurs, s'ouvre une carrière immenſe, qu'il eſt peut-être effrayant de meſurer, mais que votre zèle & vos lumières vous rendent dignes de parcourir. Tout ce qui peut contribuer à la félicité de votre Patrie va déformais être votre de reſſort; c'eſt à vous à chercher les ſources de ſa proſpérité & à les indiquer: quelques importans que ſoient les objets dont la Commiſſion intermédiaire ſera déjà chargée, quelque difficile qu'en ſoit la diſcuſſion, votre amour pour le bien public ne vous permettra pas de différer de l'inviter à s'occuper encore de ce qui peut le procurer.

Vous mêmes, Meſſieurs, dans l'intervalle des deux Aſſemblées, vous vous ferez ſans doute un devoir d'examiner ce qui peut contribuer au bien de la Province & du Canton que vous habitez; & vous nous rapporterez ici des lumières ſur un objet auſſi ſatisfaiſant pour nos cœurs.

Le temps ne me permet pas de parcourir tout ce qui pourra faire en ce genre le ſujet de vos méditations & du travail de la Commiſſion: je me bornerai à quelques points capitaux qui me paroiſſent mériter d'abord l'attention de l'Aſſemblée.

Preſque toutes les Communautés de Lorraine ont un patrimoine plus ou moins conſidérable;

mais ces propriétés communes, moins surveillées, dès-là qu'elles n'appartiennent à aucun individu, ne font point, pour les Communautés, de l'utilité dont elles devroient être; il en est de même des autres affaires qui les concernent, telles que leurs dettes, les réparations dont elles sont tenues, les ouvrages publics, les chemins vicinaux; il est à craindre qu'elles ne soient ni surveillées ni suivies avec l'attention que leur importance exigeroit.

L'établissement des Assemblées Provinciales & des districts doivent ramener jusque dans le fond des Campagnes cet esprit public qui fera regarder les affaires communes comme les siennes propres, Mais c'est à vous, MM., à préparer cette influence salutaire, & à la diriger: la Commission intermédiaire mettra sous vos yeux un tableau fidelle de toutes les Communautés de la Province, afin qu'aidés par la connoissance de leurs moyens & de leurs intérêts, vous puissiez méditer & fixer les principes d'après lesquels les Assemblées municipales géreront les différentes affaires des Communautés qui leur seront confiées.

C'est par l'agriculture & par le commerce que la Province doit atteindre le degré de prospérité qui sera le but de vos efforts & la récompense de vos travaux. Ces deux grands mobiles de la prospérité des peuples ont l'un sur l'autre une influence qui ne permet pas de les séparer. Le sol & la position géographique de cette Province se prêtent également à la rendre agricole & commerçante ; c'est à vous, MM., à mettre en œuvre ces heureuses circonstances ; nous ne pouvons pas nous dissimuler que notre agriculture est foible, & que notre commerce n'a pas encore l'activité qu'on remarque dans des Provinces moins favorisées que la nôtre : quelle est la cause de cette langueur ? & quels sont les moyens d'en sortir ? Voilà en deux mots le beau problème dont la solution est confiée à votre esprit patriotique. Mais combien la discution n'exige-t-elle pas de développemens ?

Il faut d'abord mettre sous vos yeux le tableau de l'agriculture de cette Province, de ses produits aussi variés que son sol, des méthodes usitées pour la culture des terres, du nombre & de l'aisance des Agriculteurs.

La première Assemblée désirera sans doute de fixer son opinion sur les grands effets de la nouvelle loi concernant l'exportation des grains. Combien présume-t-on que la Province en fournit? Combien en faut-il pour sa consommation? Combien en met-elle dans le commerce? Quels sont ses principaux débouchés dans les cas d'abondance? ses principales ressources dans la disette? Ce sont-là des connoissances préliminaires sans lesquelles l'Assemblée ne sauroit avoir une opinion solide sur le moment où l'exportation devroit demeurer suspendue, & sur le prix auquel il faudroit que la denrée s'élevât avant d'adopter & de concerter avec les Provinces voisines cette mesure prohibitive.

Ce premier travail, sans lequel vous serez toujours dans le vague, surpasse certainement les forces d'un seul homme & peut-être celles de la Commission intermédiaire; mais elle trouvera, dans vous & dans ceux que vous vous êtes associés, les connoissances locales dont elle aura besoin. C'est ce tableau qui vous fera connoître le vice de notre agriculture considérée dans toutes ses branches, & les remèdes qu'il conviendra d'y apporter; soit en donnant des encouragemens, soit en ouvrant de nouveaux débouchés aux productions de notre sol, soit en répandant des lumières sur la meilleure manière de féconder les terres.

La connoissance détaillée du commerce de la

Province ne vous eſt pas moins néceſſaire que celle de l'agriculture; mais elle eſt bien plus difficile à acquérir, parce qu'elle exige des calculs dont les élémens ſont juſques à préſent inconnus. En quoi conſiſte notre commerce des productions de la Lorraine, celui du produit de nos manufactures de toute eſpèce, celui des marchandiſes conſommées dans la Province, celui de *tranſit*? Dans nos relations avec l'étranger, que lui donnons-nous, & qu'en recevons-nous? Eſt-ce pour nous, eſt-ce contre nous qu'eſt la balance de cette eſpèce de commerce? Quelle influence ont ſur notre commerce les barrières qui nous ſéparent de la France? quels ſont les droits que nous payons à l'entrée & à la ſortie des Provinces de France? Quels ſeroient ceux auxquels nous ſerions aſſujétis pour les entrées & les ſorties à l'étranger, ſi les barrières étoient reculées entre nous & lui? Eſt-il de notre intérêt de les voir tomber & portées à l'extrême frontière? Quels ſont les intérêts du commerçant, du conſommateur & du propriétaire? Ces queſtions, qui en annoncent une foule d'autres doivent être réſolues pour vous mettre à portée de prendre les moyens d'élever notre commerce au degré de proſpérité qu'il peut avoir, & de donner l'avis que le Gouvernement va vous demander ſur le Tarif.

Personne de vous n'ignore, MM., combien, depuis vingt-sept ans, cette question agite les esprits en Lorraine; trois fois le Tarif a été présenté à cette Province, comme devant devenir la source de la prospérité, & trois fois il a éprouvé les plus fortes contradictions.

On a présenté, à la dernière Assemblée des Notables, un plan d'un Tarif uniforme pour toutes les Provinces du Royaume, qui a mérité l'applaudissement de tous les membres de cette Assemblée. Cependant, en l'adoptant, elle a cru devoir y mettre une restriction en faveur des trois Provinces frontières, la Lorraine, l'Alsace, & les Évêchés.

Elle a cru voir que leurs intérêts, relativement au Tarif uniforme, n'étoient pas les mêmes que ceux des autres provinces du Royaume, & que le bien qui en résulteroit pour elles n'étoit pas aussi démontré que pour le reste de la Nation. C'est d'après cet apperçu qu'elle a pensé devoir supplier le Roi de différer l'établissement du Tarif dans ces trois Provinces, jusqu'à ce qu'éclairée par elles sur les avantages ou les inconvéniens qui en résulteroient pour elles-mêmes, Sa Majesté pût prononcer avec certitude sur leurs véritables intérêts. Tel est le dernier état des choses.

PROCES-
VERBAL.
21 Août
1787.

Le Gouvernement, décidé à vous consulter sur la question du Tarif, relativement à cette Province, est pressé de faire jouir le Royaume d'un nouvel ordre de choses, qui est un bienfait pour lui : ainsi vous n'avez pas de temps à perdre pour vous mettre en état de lui répondre; il faut donc charger la Commission intermédiaire d'examiner & d'approfondir cette importante question, pour quelle puisse éclairer l'Assemblée complète sur les véritables intérêts de la Province.

Le temps ne me permet pas de parcourir les autres objets d'utilité publique qui doivent vous occuper, tels que les Forêts, les Domaines du Roi, les Canaux navigables, les Salines, les causes & les remèdes de l'augmentation aussi rapide qu'effrayante du prix des Bois, les Haras, les Écoles vétérinaires, le droit de Parcours, les Biens communaux, les Pépinières, la Mendicité, les Atteliers de Charité, les mesures à prendre pour favoriser la Population, pour perfectionner l'art des Accouchemens dans les campagnes, pour recueillir & occuper les Enfans-trouvés, & pour écarter des peuples les principales sources de ses maux, l'Usure, la Débauche & l'Irréligion. Tous ces objets importans seront un jour

la

la matière de vos recherches ; mais ils ne font pas encore d'une néceffité affez preffante pour entrer dans le plan du travail que vous allez demander à la Commiffion intermédiaire. Il ne me refte qu'à réfumer en peu de mots le rapport que je viens d'avoir l'honneur de vous faire pour fixer vos idées fur les inftructions que vous avez à lui donner relativement aux affaires que vous aurez à traiter dans vos prochaines féances.

<small>PROCÈS-VERBAL.
21 Août 1787.</small>

Le premier objet qui doit l'occuper, c'eft la formation, l'organifation, & les fonctions des Affemblées de diftricts & de municipalités ; & vous devez, ce me femble, la charger de vous préfenter un plan qui, élevé fur les bafes fondamentales que le Gouvernement paroît avoir adoptées, s'adapte cependant à la conftitution de notre Province & à fes diverfes localités ; elle foumettra enfuite à un examen attentif le Règlement qui nous eft donné pour nous indiquer les changemens & les additions qui feront jugés utiles.

2°. Vous la chargerez de prendre connoiffance de tout ce qui concerne les routes des deux Duchés, de l'impôt deftiné à leur confection & à leur entretien, des Marchés ou Baux qui ont été faits jufqu'ici, & de la manière dont ils font exécutés.

3°. Elle fe mettra en état de vous faire connoître les différentes Communautés de la Province, leurs biens, leurs dettes, leurs charges, & la manière dont leurs finances font adminiftrées; elle vous propofera une ligne de démarcation pour déterminer où finira, pour ce qui les concerne, l'autorité des Affemblées de diftricts & de municipalités, & où commencera celle de l'Affemblée Provinciale.

4°. Elle fe procurera la connoiffance des détails néceffaires pour vous préfenter un tableau de l'Agriculture de la Province, confidérée dans toutes fes branches, pour vous faire découvrir les obftacles qui en arrêtent les progrès, & les moyens de les lever.

5°. Elle examinera la grande queftion du Tarif & du reculement des Barrières, laquelle embraffe tout ce qui peut avoir rapport au commerce de cette Province. Elle vous en rendra compte, à votre prochaine Affemblée, afin que vous puiffiez connoître & préfenter au Gouvernement le vœu & les véritables intérêts de la Province sur cette importante opération.

<small>PROCES-VERBAL. 21 Août 1787.</small>

Tels font, Messieurs, les principaux objets qui me paroissent devoir être la matière des instructions à donner à la Commission intermédiaire.

<small>Délibération.</small>

Sur quoi, la matière mise en délibération, il a été arrêté que le Discours de M. le Président, présentant tout à la fois les grands objets d'administration soumis à la discussion de l'Assemblée Provinciale, & les principaux détails relatifs à chacun d'eux, avec autant de clarté que de précision, M. le Président seroit prié de permettre qu'il en fût fait registre, pour tenir lieu des instructions à donner, dans le moment présent, à la Commission intermédiaire ; & cependant, vû les réclamations de la Province sur les adjudications faites en la présente année des parties de routes demeurées à l'entretien, que l'on prétend avoir été laissées à un prix excessif ; & attendu qu'il en résulteroit pour toutes les Communautés, ou presque toutes, une surcharge énorme dont les suites seroient d'autant plus fâcheuses, que les adjudications ont été faites pour trois années ; que le sixième des impositions personnelles, appliqué à cette opération,

I ij

n'a pu couvrir qu'environ les deux tiers de l'estimation des ouvrages, & qu'ayant été forcé d'abandonner l'entretien du tiers des Routes de la Province, on seroit obligé de les reprendre dans quelques années, au grand préjudice du Public; d'où il faut conclure que cet objet de discussion est de la plus grande importance, & qu'on ne peut s'en occuper trop promptement.

La Commission intermédiaire a été invitée à prendre incessamment sur cet objet tous les renseignemens qu'elle pourra se procurer dans les différens districts de la Province, soit par les rapports qu'elle aura avec les Membres de l'assemblée Provinciale qui s'y trouvent dispersés, soit tout autrement ; à l'effet de quoi, & conformément à l'instruction communiquée par M. le Commissaire du Roi, elle se fera rendre compte, par les Ingénieurs de la Province, de l'état des chemins, comme de tous autres ouvrages publics à sa charge, & elle donnera, au surplus, les ordres qui lui paroîtront convenables pour pouvoir rendre compte de son travail à cet égard, dans une des premières séances de l'Assemblée générale.

Et sur l'observation faite par M. le Président,

qu'il étoit peut-être convenable de prépofer plufieurs Membres de l'Affemblée pour la rédaction de ce Procès-verbal, Mgr. l'Evêque de Saint-Diez, M. le Comte de Cuftine, M. le Commandeur d'Hannonville, M. Cofter & M. Haxo ont été invités à fe réunir pour cette rédaction.

<small>PROCÈS-VERBAL, 21 Août 1787.</small>

Et la Séance a été continuée à demain, dix heures du matin.

Signé, † Fr. Ev. de Nancy, *Préfident.*

Signé, BRETON, Greffier.

Du Mercredi 22 *Août* 1787.

LES Trois-Ordres s'étant rendus en la Salle ordinaire, dix heures du matin, en exécution de la Délibération du jour d'hier, M. le Préfident a ouvert la Séance en propofant la lecture du Procès-verbal de la Séance dudit jour d'hier.

<small>PROCÈS-VERBAL. 22 Août 1787. Lecture du Procès-verbal.</small>

Et après que lecture en a été donnée à haute voix par le Greffier :

Sur la propofition faite, par M. le Comte Deffales, de communiquer à l'Affemblée un Mé-

<small>Motion relative au Tarif.</small>

moire ayant pour objet d'ajouter aux inſtructions données à la Commiſſion intermédiaire, les renſeignemens à prendre de ſa part dans l'intervalle de la préſente Aſſemblée, à l'Aſſemblée générale du mois de Novembre prochain, ſur le projet important du reculement des barrières, dont les avantages & les inconvéniens ne peuvent être balancés qu'après avoir connu le vœu du Peuple dans tous les diſtricts de la Province, peut-être même dans toutes les Communautés de chaque diſtrict.

Lecture faite du Mémoire de M. le Comte Deſſales, avec l'agrément de M. le Préſident.

La matière miſe en délibération :

L'Aſſemblée, en applaudiſſant au zèle & aux vues patriotiques de M. le Comte Deſſales, a arrêté que le Mémoire ſera mis ſur le Bureau de la Commiſſion intermédiaire.

M. le Préſident ayant enſuite obſervé à l'Aſſemblée qu'elle paroiſſoit avoir rempli les diverſes fonctions qui lui avoient été confiées par le Règlement du huit Juillet dernier, & l'inſtruction communiquée par M. le Commiſſaire du Roi :

qu'il convenoit dès-lors de faire la clôture de ſes premières Séances; & que pour ſe conformer à l'Art. XXIX du Règlement dudit jour, 8 Juillet dernier, portant que les Règlemens faits pour l'Aſſemblée Provinciale du Berry, feroient proviſoirement ſuivis juſqu'à ce que Sa Majeſté ſe fût plus amplement expliquée, M. le Commiſſaire du Roi devoit être invité à faire la clôture de l'Aſſemblée.

PROCES-VERBAL.
22 Août 1787.

Après avoir recherché le cérémonial à obſerver dans cette circonſtance.

La matière miſe en délibération:

Il a été arrêté que M. le Commiſſaire du Roi feroit invité à l'inſtant à faire la clôture de l'Aſſemblée; & qu'après qu'il ſe feroit fait annoncer, l'un des deux Procureurs-Syndics iroit le recevoir au pied du grand eſcalier, & que quatre Membres de l'Aſſemblée, choiſis dans les Trois-Ordres, iroient le recevoir au haut de l'eſcalier, pour l'accompagner juſqu'à ſon fauteuil.

M. le Commiſſaire du Roi averti & annoncé, l'Aſſemblée a député vers lui, pour le recevoir au pied du grand eſcalier, M. Coſter, l'un

>PROCES-
VERBAL.
22 Août
1787.

des Procureurs - Syndics : & pour le recevoir au haut de l'escalier; savoir, pour l'Ordre du Clergé, M. l'Evêque d'Ascalon; pour l'ordre de la Noblesse, M. le Comte de Custine; & pour l'Ordre du Tiers, M. Vosgien & M. Viard, qui l'ont accompagné jusqu'à sa place.

MM. les Députés ayant repris leurs places;

M. le Commissaire du Roi s'est assis à la droite de M. le Président qui, lui adressant la parole, a dit :

Monsieur;

>Discours
de M. le
Président.

L'Assemblée a rempli avec exactitude tout ce que le Roi lui avoit permis de faire. Elle s'est complétée; elle a nommé un Greffier, deux Procureurs-Syndics, & une Commission intermédiaire; elle a donné les ordres & les instructions qu'elle a jugé convenables pour préparer les matières qui doivent occuper l'Assemblée prochaine dont elle a fixé l'ouverture, sous le bon plaisir du Roi, au cinq Novembre de cette année; elle a donné des ordres pour faire imprimer le procès-verbal de ses Séances; il sera en état de paroître dans peu de jours : les Procureurs-Syndics auront l'honneur de vous en

donner

donner plusieurs exemplaires, & j'en enverrai en même temps aux Ministres des Finances & de la Province.

Ne restant plus rien à faire par l'Assemblée, elle vous a invité à en faire la clôture, & à donner aux Membres qui la composent la liberté de retourner chez eux.

La Commission intermédiaire prend dès ce moment l'activité qui lui est propre; elle se conformera aux vues & aux intentions de l'Assemblée, en faisant, de son côté tout ce qui pourra vous rendre agréables les fonctions qui nous rapprochent.

Après quoi, M. le Commissaire du Roi a pris la parole & a dit:

MESSIEURS,

Les choix auxquels vous venez de vous arrêter, guidés par les motifs les plus purs, déterminés par le mérite, applaudis par la voix publique, ne peuvent manquer d'obtenir l'approbation du Roi.

S. M. verra sans doute avec satisfaction les mesures que vous avez prises pour donner à la prospérité de cette Province, une base inébranlable.

L'esprit de sagesse, d'union & de patriotisme, qui a présidé à votre début dans la carrière importante que vous allez parcourir, sera aussi inaltérable que vos intentions sont droites; il écartera à jamais & les prétentions particulières qui font négliger le bien général, & les vains débats de l'amour propre qui étouffent le germe des plus grandes vertus.

Mon cœur se livre dans ce moment aux plus douces espérances; oui, Messieurs, je partage la reconnoissance dont vous êtes pénétrés pour le Monarque qui nous gouverne, & le désir que vous avez de lui donner des preuves de votre amour, en travaillant au bonheur de son peuple: réunissons nos efforts pour découvrir le bien qui lui reste à faire, & même pour lui dévoiler les abus qui auroient pu échapper à la surveillance des dépositaires de son autorité.

Consacrons à ces nobles fonctions tous les momens dont nous pourrons disposer d'ici à l'époque où vous avez déterminé de vous rassembler;

que l'idée de les avoir mis à profit, en les faisant tourner à l'accroissement de la félicité publique, devienne pour nous la récompense du travail auquel nous nous dévouons ; il n'en est point de plus flatteuse pour de véritables Citoyens.

Ce discours fini, M. le Commissaire du Roi est sorti, & a été reconduit dans le même ordre qu'il avoit été reçu.

Et l'Assemblée s'étant séparée, il a été de tout dressé le présent procès-verbal.

Signé, † Fr. Ev. de Nancy, *Président*.

Signé, Breton, *Greffier*.

www.ingramcontent.com/pod-product-compliance
Lightning Source LLC
LaVergne TN
LVHW021007090426
835512LV00009B/2135